Winterlich Süßes

Wir danken allen, die mit viel Einsatz und Engagement zur Entstehung dieses Buches beigetragen haben:

Hartmut Kiesewetter, Kathrin Kiesewetter, Caroline Kiesewetter, Ralf Stech, Frauke und Friedel Köster, Jutta Behmer, Marion Schacht, Jürgen Dau, Anna Jordy, Alfred Jordy, Kirsten Krause, Berit Wilkens, Marlies Golly, Ulrike Albrecht, Florian Albrecht, Siegfried Albrecht, Renate Albrecht, Nicole Jansen, Kerstin Meurer, Axel Neumann, Felix, Lucas, Bastian und Celine, Sandra Thomsen, Wolfgang Baum, Lena Feldbusch, Andrea Hauser, Natalja Elistratov, Burcu Altun, Britta und Robert Steinbrück, Björn Quade, Judith und Dirk Oesterreich, Christl Klausenitzer, Karin Herbst, Natalia Kirjanwa.

BOYENS
BUCHVERLAG

www.buecher-von-boyens.de

ISBN 978-3-8042-1388-3

Autorin: Marion Kiesewetter
Redaktion: Marion Kiesewetter
Fotos: Ursula Sonnenberg, Hans Dieter Kellner
Cover-Torte: Kathrin Kiesewetter
Promotion: Hartmut Kiesewetter
Herstellung: Boyens Buchverlag
Rezeptkorrektorat: Tanja Sponholz
Druck und Bindung: Kösel, Krugzell
Printed in Germany

Marion Kiesewetter

Winterlich Süßes

aus norddeutschen Cafés

Fotos von Ursula Sonnenberg
und Hans Dieter Kellner

BOYENS

Lage der Cafés

Inhalt

Liebe Leserinnen, liebe Leser,

durch den großen Erfolg meiner Café-Bücher mit norddeutschen Cafés und ihren speziellen Rezepten, wurde der Wunsch nach einem entsprechenden Winter- und Weihnachtsbuch laut.
Gerade im Winter gibt es so viele Anlässe zu kleinen und großen Feiern, vom Erntedankfest bis zum Osterfest. In erster Linie sind es die christlichen Feiern, die mit dem 11. November, dem Martinstag, beginnen und sich fortsetzen im Nikolaustag, den Adventssonntagen bis zum Höhepunkt, dem Heiligen Abend und den beiden Weihnachtstagen. Es folgen der Silvestertag, Neujahr und der Dreikönigstag am 6. Januar. In den letzten Jahren ist das Feiern des Biikebrennens am 21. Februar immer beliebter geworden.
Ich habe mir Cafés ausgesucht, die mir in der Winter- und Weihnachtszeit besonders attraktiv erscheinen. Diese haben sich speziell für dieses Buch die besondere Mühe gemacht, winterliche Torten-, Gebäck- und Getränkerezepte zu kreieren.

Ein Besuch dieser Cafés ist immer ein Erlebnis!

Ihre
Marion Kiesewetter

Café mit Sti(e)l

Baiserkekse

Mürbeteig:
350 g Butter
350 g Mehl
50 g Zucker
4 Eigelb
2 Pck. Vanillezucker

Alle Zutaten vermischen, gut verkneten, in Klarsichtfolie wickeln und ca. 3 Stunden kalt stellen. Den Teig anschließend ca. 1 mm dünn ausrollen und mit einem runden Ausstecher (4 cm) ausstechen. Sehr gut eignet sich dazu auch ein Schnapsglas. Immer nur einen Teil des Teiges verwenden, da dieser sehr schnell warm wird und sich dann nicht gut ausrollen lässt. Man braucht immer zwei gleich große Größen, da diese später aufeinander gesetzt werden (Doppeldecker). Teigplätzchen auf ein mit Backpapier ausgelegtes Backblech setzen.

Baiser:
4 Eiweiß
2 Pck. Vanillezucker
200 g Zucker

Eiweiß, Vanillezucker und Zucker zu Eischnee schlagen. Er muss so steif sein, dass er beim Umdrehen der Schüssel nicht heraus fällt. Eischnee in einen Spritzbeutel füllen und die Hälfte der Kekse damit verzieren. Bei 160 °C Umluft ca. 15 Minuten backen, bis das Baiser leicht bräunlich wird, es muss fest sein. Dieses kann man nur feststellen, indem man schon einmal probiert.

100 g Johannisbeergelee

Kekse gut auskühlen lassen. Auf die Kekse ohne Baiser etwas Johannisbeergelee streichen und die Baiserkekse darauf setzen. Einige Zeit fest werden lassen.

Braune Plätzchen

Mürbeteig:
250 g Zucker
1 Pck. Vanillezucker
1 Prise Salz
250 g weiche Butter
2 Eier
500 g Mehl
4 EL Kakaopulver
1 Pck. Backpulver
125 g gemahlene Mandeln
etwas Wasser zum Bestreichen

Zucker, Vanillezucker, Salz und Butter cremig rühren. Eier hinzufügen. Mehl, Kakao, Backpulver und gemahlene Mandeln vermischen und unterkneten. Teig in Klarsichtfolie wickeln und ca. 3 Stunden kalt stellen. Teig zwischen zwei Backpapierbögen legen, richtig dünn ausrollen und mit beliebigen Ausstechformen ausstechen. Je dünner der Teig, desto knuspriger werden die Kekse. Diese dann auf ein mit Backpapier ausgelegtes Backblech legen und mit Wasser bestreichen. Bei 160 °C Umluft ca. 12 Minuten backen.

100 g weiße Kuvertüre

Kuvertüre im Wasserbad schmelzen und die Kekse damit bestreichen oder bemalen.

Omas Futjes (Förtchen)

60 Stück

Hefeteig:
500 ml Milch
125 g Grieß
8 Eier, getrennt
1 kg Mehl
Schale und Saft 1 Zitrone, unbehandelt
10 g Kardamom
3 Pck. Vanillezucker
1 Würfel frische Hefe
1 Prise Salz
30 g Zucker

Milch mit dem Grieß kochen und auskühlen lassen. Eigelb, Mehl, Zitronenschale und -saft, Kardamom, Vanillezucker, Hefe, Salz und Zucker mischen und gut vermengen. Den ausgekühlten Milchgrieß dazukneten. Eiweiß steif schlagen und zum Schluss unterheben. Teig an einem warmen Ort gehen lassen, bis er sich verdoppelt hat.

Füllung:
Backpflaumen, Rosinen oder getrocknete Aprikosen
Rum

Fett für die Pfanne

Backpflaumen, Rosinen oder Aprikosen in Rum einlegen.
Den gegangenen Futjesteig nochmals durchkneten (er sollte noch etwas klebrig sein). Kleine Mengen Teig abnehmen, mit den eingelegten Früchten füllen und in einer Futjespfanne in etwas Margarine unter ständigem Wenden ausbacken. Bitte bei nicht zu hoher Temperatur, da die Futjes sonst zu schnell anbrennen. In Zucker tunken und warm servieren.

Cranberry-Gewürz-Torte

Rührteig:
125 g Margarine
150 g Zucker
1 Pck. Vanillezucker

2 Eier
20 g Schokoladen-Puddingpulver
1 EL Kakaopulver
125 g Mehl

1 Pck. Backpulver
5 g Lebkuchengewürz
60 ml Milch
2 EL Rum oder 1 Fläschchen Rumaroma

Alle Zutaten gut miteinander verrühren, in eine mit Backpapier ausgelegte 26-cm-Springform einfüllen und bei 180 °C Umluft 20 Minuten backen. Anschließend gut auskühlen lassen. Boden auf eine Tortenplatte setzen und mit einem Tortenring umlegen.

100 g Zartbitter-Schokoladenglasur

Die Schokoladenglasur auf den ausgekühlten Boden streichen und fest werden lassen (nicht zu viel Glasur nehmen, sonst kann man die Torte später nicht schneiden).

2 Gläser Cranberries (á 340 g Füllmenge)
50 ml brauner Rum
3 EL Speisestärke
100 g gehackte Walnüsse

Cranberries mit Saft zum Kochen bringen, mit Rum verrühren und mit Speisestärke andicken. Walnüsse darunter heben, auf der Schokoladenglasur verstreichen und fest werden lassen.

600 ml Schlagsahne
20 ml brauner Rum
1 EL echtes Kakaopulver
12 Dominosteine (150 g)

Sahne, Rum und Kakao steif schlagen. Dominosteine klein schneiden und unter die Sahne mengen. Masse auf die ausgekühlte Cranberrymasse geben, glatt streichen. Nach Geschmack mit weiteren Dominosteinen, Cranberries und Walnüssen verzieren. Mit Puderzucker bestäuben.

Cranberry-Walnuss-Cookies

Mürbeteig:

150 g Walnüsse
100 g getrocknete Cranberries
200 g weiche Margarine
175 g Zucker
1 Pck. Vanillezucker
1 Prise Salz
1 Ei
300 g Mehl
½ Pck. Backpulver

Walnüsse und Cranberries klein schneiden. Margarine, Zucker, Vanillezucker und Salz cremig rühren. Ei dazu geben. Mehl und Backpulver vermischen, darübersieben und unterrühren. Cranberries und Walnüsse dazugeben und alles verkneten. Mit zwei Teelöffeln, mit ausreichend Abstand, kleine Teighäufchen auf ein mit Backpapier ausgelegtes Backblech setzen. Häufchen etwas flach drücken, bei 150 °C Umluft ca. 14 Minuten backen, bis die Kekse leicht braun werden.

Grüne Glühwein-Torte

Rührteig:
200 g Mehl
200 g blanchierte, gemahlene Mandeln
150 g Zucker
4 Eier
1 TL Backpulver
1 Prise Salz
200 ml weißer Glühwein

Alle Zutaten miteinander verrühren. Teig in eine mit Backpapier ausgelegte 26-cm-Springform füllen und bei 180 °C Umluft 20 Minuten backen. Anschließend gut auskühlen lassen. Boden auf eine Tortenplatte setzen und mit einem Tortenring umlegen.

1. Füllung:

100 g Zucker
400 g Schmand
20 ml weißer Glühwein
5 Blatt Gelatine
500 ml Schlagsahne, geschlagen

Zucker, Schmand und Glühwein miteinander verrühren. Gelatine in kaltem Wasser einweichen, ausdrücken und kurz erhitzen. Anschließend unter die Schmandmasse rühren und die Sahne unterheben. Die gesamte Masse auf dem Glühweinboden verstreichen, ca. 6 Stunden kalt stellen und fest werden lassen.

2. Füllung:

500 ml weißer Glühwein
25 ml Orangensaft
25 ml Blue Curaçao (oder als Sirup ohne Alkohol)
2 ½ Pck. Tortenguss, weiß

Alle Zutaten unter Rühren zum Kochen bringen und auf die Glühwein-Schmandmasse geben. Torte für 1 Stunde kalt stellen.

gehackte, geröstete Mandeln
weiße Schokolade

Nach Geschmack mit gehackten, gerösteten Mandeln und weißer Schokolade dekorieren.

Schon im Café-Buch Nr. 5, „Süßes für die Seele“, wird die vielseitige Jübeker Gärtnerei mit ihrem CAFÉ MIT STI(E)L ausführlich beschrieben. Die fünf Standbeine sind die Gärtnerei mit Mustergarten, das Blumengeschäft, der Geschenkeladen, das Gartengerätemuseum und last but not least das Café. Hier waltet Ulrike Albrecht und verzaubert mit ihrem Charme die vielen Gäste. Aber nicht nur mit ihrem Charme, sondern auch mit ihren tollen Rezepten, zum großen Teil selbst kreiert, überzeugt sie anspruchsvolle Leckermäuler.

Café Uhrendorf

Kürbiskernkuchen

GLUTENFREI

TEIG:

6 Eier, getrennt
150 g Zucker
300 g Kürbiskerne, gemahlen
150 g Haselnüsse, gemahlen
3 EL Kartoffelstärke
1 EL Kürbiskernöl (oder Nusslikör)
1 Prise Salz

Eigelb mit Zucker schaumig schlagen. Kürbiskerne, Nüsse, Stärke und Kürbiskernöl dazugeben und gut verrühren. Eiweiß mit einer Prise Salz steif schlagen und sorgfältig unterrühren. Teig in eine gefettete 28-cm-Springform geben und im vorgeheizten Backofen bei 180 °C ca. 45 Minuten backen.

KÜRBISKERN-KROKANT:

50 g Zucker
1 EL Wasser
30 g Kürbiskerne

Zucker mit Wasser in einem Topf karamellisieren lassen. Sobald sich der Zucker hellbraun färbt, die Kürbiskerne unterrühren. Die Masse sofort auf einen gefetteten Teller geben. Sobald das Karamellstück abgekühlt ist, auf ein Schneidebrett stürzen und mit einem Messer in kleine Stücke hacken.
Den abgekühlten Kuchen nach Geschmack mit etwas Puderzucker bestäuben und den Krokant darüber verteilen.

Schokotörtchen

24 Törtchen

Mürbeteig:

250 g Mehl
1 Ei
100 g kalte Butter
1 Prise Salz
60 g Zucker

Mehl auf eine Arbeitsfläche häufeln, mit den übrigen Zutaten zu einem Mürbeteig verkneten, zu einer Kugel formen und eine Stunde kalt stellen. Anschließend dünn ausrollen. Kreise, etwas größer als die Tartelletteförmchen (7 cm), ausstechen und in die gefetteten Förmchen drücken. Wieder kühl stellen. Im vorgeheizten Backofen bei 180 °C ca. 15 Minuten blindbacken (Teig mit einer Gabel einstechen, mit passend zugeschnittenem Backpapier belegen und mit getrockneten Hülsenfrüchten beschweren, damit der Rand aufgeht, der Boden aber flach bleibt), bis sich der Teigrand braun färbt. Papier und Hülsenfrüchte entfernen und auskühlen lassen. Törtchen aus der Form nehmen.

Füllung:

2 Tafeln Schokolade (z.B. Schoko-Minze, Nougat, Espresso, Zartbitter u.s.w.)
125 ml Schlagsahne
100 g Butter

Schokolade in Stücke brechen. Sahne und Butter in einem Topf erhitzen. Schokolade darin zum Schmelzen bringen und alles zu einer gleichmäßigen Masse verrühren. Leicht abkühlen lassen, in die Förmchen füllen und fest werden lassen.

Schneegestöber

ANANAS-KOKOS-TORTE

BISKUIT:

6 Eier
1 Prise Salz
120 g Zucker
180 g Mehl
50 g Kokosraspel

Eier, Salz und Zucker mit dem Rührgerät sehr schaumig rühren. Mehl und Kokosraspel zügig unterheben. Teig in eine gefettete, leicht mit Mehl bestäubte 26-cm-Springform füllen und im vorgeheizten Backofen bei 180 °C ca. 30 Minuten backen. Anschließend auskühlen lassen. Boden auf eine Tortenplatte setzen und einmal waagerecht durchschneiden.

FÜLLUNG:

1 Dose Ananasstücke (340 g Abtropfgewicht)
600 ml Schlagsahne
2 EL Zucker
50 g Kokosraspel

Ananas abtropfen lassen, evtl. noch etwas zerkleinern. Sahne und Zucker steif schlagen und eine dünne Schicht auf dem unteren Boden verteilen. Ananasstücke darauf ausbreiten. Eine dicke Schicht Sahne darauf verstreichen. Den zweiten Boden auflegen und die Torte mit der restlichen Sahne einstreichen. Alles mit Kokosraspel bestreuen und die Torte so in eine Schneelandschaft verwandeln.

GARNITUR:

18 Stück Kokoskonfekt (z.B. Raffaello)
6 Zahnstocher
etwas Marzipanrohmasse für die Schneemann-Hüte
etwas Kakaopulver zum Einfärben der Hüte
flüssige Schokolade oder Zuckerschrift für die Gesichter

Jeweils zwei Kokoskonfektkugeln mit einem Zahnstocher verbinden. Marzipan, Puderzucker und Kakao verkneten, Hüte daraus formen und vorsichtig auf die Köpfe setzen, falls nötig mit Sahne oder Schokolade festkleben. Mit der flüssigen Schokolade Gesichter auf die Kugeln malen. Fertige Schneemänner auf der Torte verteilen und die restlichen Kokoskonfektkugeln als große Schneekugeln in die Zwischenräume rollen.

Birnen-Glühwein-Torte

Rührteig:
2 Eier
75 g Zucker
100 ml Öl
100 ml Orangensaft
150 g Mehl
1 TL Backpulver
100 g gemahlene Haselnüsse
½ TL Lebkuchengewürz
1 EL Kakaopulver

Eier und Zucker schaumig schlagen. Öl und Saft langsam hineingießen. Mehl, Backpulver, Nüsse, Gewürz und Kakao vermischen und zügig unterheben. Teig in eine gefettete 26-cm-Springform füllen und im vorgeheizten Backofen bei 180 °C ca. 25 Minuten backen. Anschließend auf einem Kuchengitter auskühlen lassen. Danach auf eine Tortenplatte setzen und mit einem Tortenring umlegen.

BELAG:

3 Birnen
500 ml Glühwein
3 Blatt Gelatine
1 Pck. Vanille-Puddingpulver

Birnen schälen, entkernen und in kleine Stücke schneiden. Glühwein kurz aufkochen und die Birnen darin ziehen lassen, bis sie weich sind. Erkalten lassen. Birnen über einem Sieb abtropfen lassen und die Flüssigkeit auffangen. 500 ml abmessen, falls nötig mit Glühwein oder Saft ergänzen.
Gelatine in kaltem Wasser einweichen. Aus 500 ml Glühwein und Puddingpulver einen Pudding kochen. Die ausgedrückte Gelatine darin auflösen und die Birnenstücke einrühren. Die Masse anschließend auf dem Boden verteilen und im Kühlschrank fest werden lassen.

SAHNESCHICHT:

400 ml Schlagsahne
1 Pck. Vanillezucker
2 Pck. Sahnesteif
Zimtpulver und Schokosterne für die Garnitur

Sahne mit Vanillezucker und Sahnesteif steif schlagen. Bis auf einen kleinen Rest auf die feste Birnen-Glühweinmasse streichen. Den Rand mit der restlichen Sahne bestreichen.
Die Torte mit Zimtpulver leicht bestäuben und mit Schokosternen verzieren.

Christl Klausenitzer, berühmte Posaunistin der „Bayrischen Sieben“, zog es 2010 nach Norddeutschland, wo sie in Beidenfleth an der Stör ihr Traumcafé eröffnete. Wichtig war ihr, dass man es nicht nur von der Wilstermarsch aus mit dem PKW, sondern auch mit dem Fahrrad bequem über die Stör mit der beliebten Seilfähre „Else“ erreichen kann – ganz romantisch! Wer das CAFÉ UHRENDORF von Christl Klausenitzer besucht, erlebt eine temperamentvolle, charmante, sehr gastfreundliche Künstlerin, die fantastische Torten backt, aber auch mit ihren Papiergeschöpfen überrascht. Jederzeit einen Ausflug wert!

Herrenhaus Hoyerswort

Nuss-Nougat-Früchtebrot

mit Limettencreme

glutenfrei, vegan

Brot:

300 g Buchweizen-Vollkornmehl
200 g gemahlene Haselnüsse
100 g Zucker
1 Pck. Weinstein-Backpulver
1 Prise Vanillepulver und Salz
1 EL Orangenabrieb, unbehandelt
1 TL Koriander
1 geriebener Apfel
6 getr. Feigen
100 g getr. Datteln
100 g gehackte Paranüsse

Alle Zutaten miteinander vermengen.

100 ml Sonnenblumenöl
80 ml Orangensaft
200 ml Mineralwasser

200 g Nougat, geschmolzen

Restliche Zutaten zu der Brotmasse geben und zügig zu einem geschmeidigen Teig verrühren. Die eine Hälfte des Teiges in eine gefettete 30-cm-Kastenform füllen, die andere Hälfte mit dem Nougat verrühren und dazugeben.

Die beiden Teige mit einer Gabel marmorieren und im vorgeheizten Backofen bei 160 °C 60 Minuten backen: nach 20 Minuten Backzeit das Brot mit einem spitzen Messer einmal längs einschneiden und weiter backen. Anschließend in der Form auskühlen lassen.

Limettencreme:

250 g Alsan (Bio-Margarine)
100 g Puderzucker
3 Limetten, unbehandelt

Alsan mit dem Puderzucker, Limettenschale und -saft verrühren.

Hoyersworter Apfeltraum

Winterpunsch

300 ml Wasser
1 TL schwarzer Tee, friesische Mischung
700 ml Apfelwein
100 ml Amaretto
1 Orange
1 Zimtstange
4 Nelken
4 Sternanis
50 g brauner Kandis

200 ml Schlagsahne
1 Prise Zimt

Wasser zum Kochen bringen, von der Flamme nehmen, den Tee in einem Teesieb für vier Minuten darin ziehen lassen. Anschließend Wein und Amaretto hinzufügen und erhitzen, nicht köcheln lassen.
Orange schälen, in Stücke schneiden und mit den Gewürzen und dem Kandis der Flüssigkeit zufügen und ziehen lassen.
Sahne mit dem Zimt steif schlagen und auf Wunsch als Sahnehaube zu dem heißen Punsch servieren.

Tipp:
Dieses Rezept schmeckt auch alkoholfrei ganz vorzüglich! Dafür lediglich den Apfelwein durch naturtrüben Apfelsaft ersetzen und alkoholfreien Amaretto verwenden.

Weihnachtskugeln

mit Orangen- und Schokoladensosse

glutenfrei, ohne Haselnüsse

Teig:

6 Eier
120 g Zucker
200 g geriebene Mandeln
3 EL Lebkuchengewürz
1 EL Zitronenabrieb, unbehandelt

Eier mit Zucker mindestens 4 Minuten schaumig schlagen. Mandeln, Gewürz und Zitronenabrieb vermischen und vorsichtig unterheben. Teig in eine mit Backpapier ausgelegte 28-cm-Springform füllen und im vorgeheizten Backofen bei 175 °C 25 Minuten backen.

Anschließend auskühlen lassen.

CREME:

500 g Mascarpone
75 ml alkoholfreier Amaretto
1 Prise Zimt und Vanillezucker
400 ml Schlagsahne, geschlagen

100 g Zucker
200 g ganze Mandeln
1 Prise Zimt
100 g gehackte Pistazien

Mascarpone mit Amaretto, Zimt und Vanillezucker verrühren. Sahne unterheben.
Teig in die Creme bröseln und beides gut miteinander vermengen. Anschließend kalt stellen.
Zucker in einer Pfanne schmelzen lassen. Mandeln grob hacken und mit Zimt in der Pfanne kandieren, auf Backpapier gießen und auskühlen lassen. Erneut grob hacken. Aus der Teigmasse Kugeln formen, in den Mandeln wälzen und mit Pistazien bestreuen.

SCHOKOLADENSOSSE:

200 ml Schlagsahne
100 ml alkoholfreier Amaretto
200 g Zartbitter-Schokolade
1 Prise Chili

Sahne mit Amaretto aufkochen, gehackte Schokolade darin schmelzen und mit Chili abschmecken.

ORANGENSOSSE:

300 ml alkoholfreier Amaretto
3 Orangen, unbehandelt

Amaretto zum Kochen bringen, Orangen mit Schale in kleine Stücke schneiden und im Amaretto einkochen lassen.

Lebkuchen-Schichttorte

GLUTENFREI, OHNE NÜSSE

BÖDEN:

250 g Butter
150 g Zucker
6 Eier
250 g Buchweizenmehl
1 TL Hirschhornsalz
1 EL Zitronenabrieb, unbehandelt

Butter und Zucker cremig rühren. Eier einzeln unterrühren. Mehl, Salz und Zitronenabrieb vermengen und zügig unterheben. Teig auf vier mit Backpapier ausgelegte 28-cm-Springformen streichen und im vorgeheizten Backofen bei 175 °C 10 Minuten goldbraun backen.

Glasur:

200 ml Schlagsahne
2 EL Honig
1 EL Lebkuchengewürz
300 g Zartbitter-Schokolade, gehackt

Sahne mit dem Honig und Gewürzen aufkochen lassen, von der Flamme nehmen. Schokolade darin schmelzen und die Glasur gleichmäßig auf die vier Böden streichen.

Kompott:

6 große Äpfel
2 EL Zitronensaft
½ TL Kardamom

Äpfel mit Schale reiben, unter ständigem Rühren mit dem Zitronensaft dünsten, mit Kardamom abschmecken und auf die Böden verteilen.

Creme:

1 l Schlagsahne
1 EL Vanillezucker
1 Prise Zimt

Kandierte Orangenscheiben
und etwas Zimt zum Garnieren

Sahne mit Vanillezucker und Zimt sehr steif schlagen und ebenfalls auf die Böden streichen. Die Böden aufeinander setzen und mit Zimt und Orangenscheiben garnieren.

Pflaumen-Marzipan-Tartelettes

MIT VANILLE-ZIMT-CREME

VEGAN, OHNE HASELNÜSSE

MÜRBETEIG:

250 g Dinkel-Vollkornmehl
1 EL Zucker
1 Prise Salz und Zimt
2 EL Sojasahne
125 g Alsan (Bio-Margarine)

Mehl, Zucker, Salz und Zimt vermischen, mit der Sahne und klein geschnittener Alsan zügig zu einem Mürbeteig verkneten. In Klarsichtfolie wickeln und eine halbe Stunde kalt stellen.

FÜLLUNG:

200 ml Sojasahne
400 g Marzipan
200 g gehackte Walnüsse
1 TL grüner, geschroteter Pfeffer
1 kg Pflaumen

Sahne und Marzipan zu einer cremigen Masse verrühren. Nüsse dazugeben und mit Pfeffer abschmecken. Pflaumen halbieren und entsteinen. Teig in acht gleichmäßige Stücke teilen, zwischen Folie dünn ausrollen und acht gefettete Tarteletteförmchen (12 cm) damit auskleiden. Füllung auf die Förmchen verteilen und die Pflaumen mit der Schnittfläche nach unten darauf legen. Die Teigränder über die Füllung klappen. Im vorgeheizten Backofen bei 175 °C 35 Minuten backen.

Creme:

1 Beutel Agar Agar
500 g Sojajoghurt
1 Prise Zimt und Vanillezucker

Agar Agar in wenig Flüssigkeit zum Kochen bringen und zwei Minuten köcheln lassen. Einen EL Joghurt in die heiße Flüssigkeit geben und die Masse unter den restlichen Joghurt ziehen. Mit Zimt und Vanillezucker abschmecken.

Das bekannte HERRENHAUS HOYERSWORT, an dem Weg von Husum nach St. Peter-Ording, birgt neben der Kunsttöpferei von Alfred Jordy ein Museum der Geschichte der Region und das beliebte, schon im Café-Buch Nr. 4 „Süße Augenblicke“ beschriebene Herrenhaus-Café. Es ist ganz geprägt von der Persönlichkeit und dem Charme Anna Jordys, die hier ganzjährig ihre Torten (Highlight: Mandel-Apfel-Tarte) und knusprigen Backwaren anbietet. Für alle Kuchenliebhaber, die ein Faible für Ausgefallenes haben, lohnt hier ganz besonders ein Anhalten zum Entspannen.

Kleines Café im Gewächshaus

Schneebälle

Biskuit:

125 g Zucker
2 Eier
6 EL Speiseöl
6 EL Fanta
125 g Mehl
2 TL Backpulver
Fett für die Form

Zucker und Eier schaumig schlagen, Öl und Fanta dazugeben. Mehl und Backpulver vermischen, darübersieben und unterrühren. Teig in eine gefettete 28-cm-Springform geben und im vorgeheizten Backofen bei 180 °C ca. 30 Minuten backen. Anschließend gut auskühlen lassen und den Teig in einer Schüssel zerbröseln.

Füllung:

2 Becher Schlagsahne (à 200 ml)
2 Pck. Sahnesteif
2 Pck. Orangenzucker
1 EL Zucker
200 g Schmand
Kokosraspel

Sahne mit Sahnesteif, Orangenzucker und Zucker steif schlagen. Schmand durchrühren und unter die Sahne heben. Sahne-Masse mit den Teigbröseln mischen und mit den Händen 8-10 Bälle formen. Kokosraspel auf ein Blech streuen und die Bälle darin vorsichtig von allen Seiten wälzen. Nach Geschmack mit Schoko- oder Fruchtsoße servieren. Diese Schneebälle sind auch im Sommer gern gesehen.

Gebrannte Mandeln

Zutaten:

100 ml Wasser
200 g Zucker
1 EL Vanillezucker
½ TL Zimt
200 g ungeschälte Mandeln

Wasser mit dem Zucker in einer großen Pfanne erwärmen, Vanillezucker, Zimt und die Mandeln dazugeben. Unter ständigem Rühren kochen. Der Zucker wird erst weiß und bröselig, dann braun und flüssig und legt sich um die Mandeln. Anschließend auf ein mit Backpapier ausgelegtes Backblech schütten und die Mandeln mit zwei Gabeln auseinander ziehen, damit sie nicht zusammen kleben. Abkühlen lassen und zum Aufbewahren in luftdichte Dosen geben.

Fruchtige Zimttorte

Biskuit:

7 Eier
150 g Zucker
10 Tropfen Bittermandelaroma
200 g gemahlene Mandeln
1 Pck. Backpulver
2 EL Paniermehl
50 g geraspelte Zartbitter-Schokolade
100 g gemahlene Mandeln
Fett für die Form

Eier trennen. Eigelb und Zucker schaumig schlagen, Aroma dazugeben. Eiweiß steif schlagen. Mandeln, Backpulver und Paniermehl vermischen und in die Eigelbmasse rühren. Eischnee und Schokoraspel unterrühren. Teig in eine gefettete 28-cm-Springform geben und im vorge-

heizten Backofen bei 180 °C ca. 40 Minuten backen. Anschließend gut auskühlen lassen. Boden auf eine Tortenplatte setzen, einen dünnen Deckel (ca. 1 cm) abschneiden, mit den gemahlenen Mandeln zerbröseln und beiseite stellen.

Belag:

5 EL Preiselbeeren
5 EL Apfelmus
800 ml Schlagsahne
3 Pck. Sahnesteif
80 g Zucker
4 TL Zimtpulver
Cranberries zum Verzieren

Eine Schicht Preiselbeeren auf dem Boden verstreichen, darüber den Apfelmus geben. Sahne mit Sahnesteif, Zucker und Zimt steif schlagen. 10 gehäufte TL für die Verzierung abnehmen, restliche Sahne auf dem Apfelmus und dem Tortenrand verstreichen. Tortenoberfläche und -rand mit Mandel-Biskuitbrösel bestreuen und mit Sahnetupfen und Cranberries verzieren.

Seit vielen Generationen betreibt die Familie Oesterreich ihre musterhafte Gärtnerei in Heide, gleich um die Ecke vom „Tivoli". Allerlei Interessantes und Ungewöhnliches gibt es hier zu entdecken und seit ein paar Jahren auch das kuschelige KLEINE CAFÉ IM GEWÄCHSHAUS (Café-Buch Nr. 3 „Nur Süßes im Sinn"), das besonders im Winterhalbjahr durch seinen knisternden Bollerofen die Gäste in seinen Bann zieht. Aber auch die Kuchen und Gebäcke in der Adventszeit sind verführerische Köstlichkeiten, gezaubert von der charmanten Judith Oesterreich, die Sie stets zuvorkommend empfangen wird.

Galerie-Café Schlossgefängnis

Beeren-Tartelettes

Teig:

100 g weiche Butter
50 g Zucker
1 Pck. Bourbon-Vanillezucker
Zitronenabrieb von ½ Zitrone, unbehandelt
150 g Mehl

Butter, Zucker, Vanillezucker, Zitronenabrieb und Mehl verkneten, zur Kugel formen und abgedeckt ca. 30 Minuten kalt stellen. Teig zwischen zwei aufgeschnittenen Gefrierbeuteln zum Rechteck ausrollen. Obere Folie abziehen. 6 Tartelette-Förmchen (10 cm) zum Rechteck zusammenstellen. Das Teigrechteck auf die 6 Förmchen stürzen, Folie abnehmen. Teig in die Förmchen drücken und ausstechen. Aus dem restlichen Teig Röllchen formen, um den inneren Rand legen und hoch drücken. Böden mit einer Gabel einstechen. Anschließend eine Stunde ins Gefrierfach stellen. Danach den tiefgefrorenen Teig im vorgeheizten Backofen auf mittlerer Schiene bei 200 °C Ober- und Unterhitze 12 Minuten backen. Abkühlen lassen, Tartelettes auslösen.

Creme:

400 ml Schlagsahne
2 EL Speisestärke
100 g Zucker
5 Eigelb
3 TL Vanillesirup

Beeren der Saison

6 EL Sahne abnehmen, mit Speisestärke verrühren. Restliche Sahne und Zucker erhitzen. Angerührte Sahne unter Rühren hinzugeben und aufkochen lassen. Eigelb nacheinander unterrühren. Sirup hinzugeben. Creme abkühlen lassen und in die Tartelettes gießen. Vier Stunden kalt stellen. Danach mit Beeren dekorieren.

Scones

12 Stück

Teig:

300 g Mehl (Typ 405)
1 Pck. Backpulver

1 Prise Salz
50 g Zucker
100 g weiche Butter
3 Eier
100 ml Milch

Mehl und Backpulver mischen und in eine Schüssel sieben. Mit Salz und Zucker vermischen. Butter hinzugeben und mit dem Handrührgerät und Knethaken zu Streusel verarbeiten. 2 Eier und die Milch hinzugeben und zu einem festen Teig verkneten, ggf. noch etwas Mehl hinzufügen und auf einer bemehlten Arbeitsfläche etwa 2 cm dick ausrollen. Mit einem Glas (5 cm Durchmesser) Teigstücke ausstechen und diese mit etwas Abstand auf ein gefettetes Backblech legen. 1 Eigelb mit einer Gabel verquirlen und die Oberflächen damit bepinseln. Anschließend im vorgeheizten Backofen auf mittlerer Schiene bei 220 °C ca. 15 Minuten backen, bis sie leicht gebräunt sind.
Dazu Erdbeermarmelade und Creme double oder Butter reichen.
Gebäck zum Afternoon Tea.

Kirsch-Schokobombe

Rührteig:

1 Glas Kirschen (360 g Abtropfgewicht)
150 g Margarine
3 Eier
150 g Zucker
1 Pck. Vanillezucker
200 g Mehl
2 TL Backpulver

Kirschen abtropfen lassen, einige für die Deko beiseite legen. Margarine, Eier, Zucker, Vanillezucker, Mehl und Backpulver verrühren und die Hälfte der abgetropften Kirschen unterheben. Teig in eine mit Backpapier ausgelegte 28-cm-Springform füllen und im vorgeheizten Backofen bei 160 °C Ober- und Unterhitze ca. 40 Minuten backen. Anschließend auskühlen lassen. Boden auf eine Tortenplatte setzen und mit einem Tortenring umlegen.

Creme:

1 Pck. Torten Creme, Schokoladen-Sahne
Schlagsahne (Menge laut Packungsanweisung)

Schokoladencreme nach Packungsanweisung zubereiten.
Restliche Kirschen auf dem Tortenboden verteilen. Schokocreme darüber geben. Anschließend zwei Stunden kalt stellen. Torte mit Sahne und Kirschen dekorieren.

Rantzauer Schlosstorte

Biskuit:
3 Eier
2 EL heißes Wasser
125 g Zucker
1 Pck. Vanillezucker
75 g Mehl
75 g Speisestärke
2 TL Backpulver
1 EL Kakaopulver

Eier und Wasser mit dem Handrührgerät auf höchster Stufe eine Minute schaumig rühren. Zucker und Vanillezucker mischen, unter Rühren einstreuen und weitere zwei Minuten schlagen, bis die Masse cremig ist. Mehl, Speisestärke und Backpulver vermischen und nach und nach auf niedrigster Stufe einarbeiten. $^{1}/_{3}$ des Teiges abnehmen und den Kakao unterheben. Anschließend beide Teige getrennt in mit Backpapier ausgelegte 28-cm-Springformen füllen und im vorgeheizten Backofen bei 175 °C ca. 20–

30 Minuten backen, bis der Biskuit leicht gebräunt ist und sich watteartig anfühlt. Anschließend gut auskühlen lassen. Den hellen Boden auf eine Tortenplatte setzen und einmal waagerecht durchschneiden. Den unteren Boden mit einem Tortenring umlegen.

CREME:

250 g Butter
½ Dose gezuckerte Kondensmilch
150–200 g geröstete Walnüsse

Butter schaumig schlagen und die gezuckerte Kondensmilch dazugeben.
Einen Teil der Creme auf dem unteren Boden verstreichen. Mit dem dunklen Boden belegen, diesen auch bestreichen und den hellen Boden als Deckel darauflegen. Oberfläche und Rand mit der restlichen Creme einstreichen.
Walnüsse klein hacken, Deckel und Rand damit bestreuen.

Ein absoluter Geheimtipp ist das GALERIE-CAFÉ SCHLOSSGEFÄNGNIS auf der Insel im Rantzauer See in Barmstedt. Karin Herbst, ausgebildet im Londoner Dorchester Hotel und anderen Firstclass-Adressen, hat das historische Gefängnis in ein Mustercafé verwandelt. In den erhaltenen vergitterten Zellen kann man ein schaurig-schönes „Knastessen“ erleben, aber auch einen gemütlichen Kaffeenachmittag oder speziell eine englische Tea-Time (siehe auch Café-Buch Nr. 3 „Nur Süßes im Sinn“). Gerade in der Winterzeit macht Karin dieses zu einem besonderen Erlebnis.

Koog Café

Kirsch-Nuss-Whiskylikör-Torte

TEIG:

1 Glas Kirschen (360 g Abtropfgewicht)
5 Eier, getrennt
1 Prise Salz
80 g Butter
80 g Zucker
½ TL Zimt
200 g gemahlene Haselnüsse
1 geh. TL Backpulver
100 g geraspelte Halbbitter-Schokolade

Kirschen in einem Sieb abtropfen lassen. Eiweiß mit etwas Salz steif schlagen. Butter und Zucker schaumig schlagen. Eigelb einzeln unterrühren. Zimt, Nüsse, Backpulver und Schokolade gründlich mischen und unter die Eigelbmasse geben. Eischnee unterheben. Teig in eine gefettete 26-cm-Springform füllen und die Kirschen darauf verteilen. Im vorgeheizten Backofen bei 170 °C ca. 40 Minuten backen. Anschließend gut auskühlen lassen. Boden auf eine Tortenplatte setzen und mit einem Tortenring umlegen.

BELAG:

600 ml Schlagsahne
100 ml Sahne-Whiskylikör (z.B. Baileys)
2 EL Zucker
100 g gehobelte Mandel

Sahne steif schlagen, auf dem Boden verteilen und mit einem Esslöffel Vertiefungen hineindrücken. Den Likör in die Mulden gießen.
Zucker in einer Pfanne schmelzen lassen, die Mandeln darin karamellisieren und danach erkalten lassen. Anschließend auf der Sahne verteilen.

Pflaumen-Baiser-Torte

MIT ZIMT-SAHNE

RÜHRTEIG:
125 g Margarine
125 g Zucker
4 Eigelb
150 g Mehl
1 Pck. Vanillezucker
2 TL Backpulver

Zutaten miteinander verrühren und auf zwei gefettete 26-cm-Springformen verteilen. 2cm vom Rand frei lassen.

BAISER:
4 Eiweiß
250 g Zucker

Eiweiß und Zucker steif schlagen. Eischnee auf die beiden Böden geben und den Rand etwas frei lassen. Im vorgeheizten Backofen bei 175 °C 25 Minuten backen.

FÜLLUNG:
1 Glas Pflaumenmus (450 g)
600 ml Schlagsahne
1 Pck. Vanillezucker
1 EL Zimt

Pflaumenmus auf einem der Böden verteilen. Sahne mit Vanillezucker steif schlagen, Zimt unterrühren und auf das Pflaumenmus geben. Den zweiten Boden auf die Zimt-Sahne setzen.

Bratapfel-Torte

MÜRBETEIG:
250 g Mehl
125 g Zucker
125 g Butter
1 Ei
½ Pck. Backpulver
1 Pck. Vanillezucker

Alle Zutaten zu einem Mürbeteig verkneten. Anschließend in Klarsichtfolie wickeln und kalt stellen. Den Teig danach in eine gefettete 26-cm-Springform drücken und den Rand hochziehen.

FÜLLUNG:
100 g Rosinen
100 ml Rum
1,5 kg Boskop-Äpfel
800 ml Schlagsahne
75 g Zucker
1 Pck. Vanillezucker
etwas Milch
1 Pck. Vanille-Puddingpulver

Rosinen in Rum einlegen. Äpfel ungeschält ausstechen und im Ganzen dicht an dicht auf den Teig stellen. Eingelegte Rosinen in die Apfelöffnungen geben. Sahne, Zucker und Vanillezucker aufkochen. Das mit etwas Milch angerührte Puddingpulver unterrühren und über die Äpfel gießen. Im vorgeheizten Backofen bei 185 °C 60–70 Minuten backen.

Auf dem Weg nach St. Peter-Ording, aus Süden kommend, findet man kurz vor dem Eidersperrwerk das KOOG CAFÉ von Berit Wilkens (Café-Buch Nr. 2 „Kann denn Süßes Sünde sein?").
Bei den Stürmen im Winterhalbjahr riecht man hier im Wesselburenerkoog schon das Salz der Nordsee. Einen extremen Szenenwechsel erlebt man beim Betreten des lauschigen Cafés. Es duftet nach Bratapfeltorte, Zimt, Nelken und Anis, von Berit gekonnt in Szene gesetzt. In unmittelbarer Nähe des Blanken Hans lässt es sich hier wohlig entspannen und genießen.

Dorfcafé

Kirsch-Amarettini-Torte

TEIG:

125 g weiche Butter
125 g Zucker
1 Pck. Vanillezucker
3 Eier
250 g Mehl
2 TL Backpulver
50 ml Milch

Butter, Zucker und Vanillezucker cremig schlagen. Eier einzeln unterrühren. Mehl und Backpulver vermischen und mit der Milch und der Butter-Eiermasse verrühren. Teig in eine gefettete 28-cm-Springform füllen und im vorgeheizten Backofen bei 175 °C ca. 20 Minuten backen. Anschließend auskühlen lassen. Boden auf eine Tortenplatte setzen und mit einem Tortenring umlegen.

FÜLLUNG:

2 Gläser Kirschen (à 360 g Abtropfgewicht)
1 Pck. Vanille-Puddingpulver
250 g Frischkäse
250 g Quark
150 g Zucker
4 cl Amaretto
400 ml Schlagsahne
200 g Amarettini
1 Pck. Tortenguss, rot

Kirschen abtropfen lassen und den Saft auffangen. Saft bis auf 750 ml mit Wasser auffüllen. Davon 250 ml für den Guss beiseite stellen.
Aus 500 ml Saft den Pudding nach Packungsanleitung kochen. Kirschen unterheben und die Masse auf dem Boden verteilen. Torte drei Stunden kühl stellen.
Frischkäse, Quark, Zucker und Amaretto mit dem Mixer drei Minuten verrühren. Sahne steif schlagen (etwas Sahne für die Deko beiseite stellen) und unter die Quarkmasse heben.

Amarettini, bis auf 10 Stück, zerbröseln und unterheben. Alles auf die abgekühlten Kirschen geben und nochmals ½ Stunde kühl stellen.

Tortenguss nach Packungsanleitung zubereiten und über die Torte geben. Mit Sahnetuffs und Amarettini verzieren.

Rotweinkuchen

RÜHRTEIG:
6 Eier
2 Pck. Vanillezucker
350 g Margarine
350 g Mehl
1 Pck. Backpulver
1 TL Lebkuchengewürz
1 TL Zimt
150 ml Rotwein

100 g Schokoraspel (Zartbitter)

Zutaten miteinander verrühren und die Schokoraspel unterheben.
Teig auf ein 30x45-cm-Backblech geben und im vorgeheizten Backofen bei 160 °C ca. 20–25 Minuten backen.

GUSS:
200 g Puderzucker
6 EL Rotwein

Puderzucker mit dem Rotwein ordentlich verrühren und auf den noch warmen Kuchen streichen.

Schmalzbällchen

TEIG:

250 g Quark
200 g Zucker
2 Eier
2 Pck. Vanillezucker
250 g Mehl
1 TL Backpulver

1 kg Fritierfett
Puderzucker zum Bestäuben

Die Zutaten zu einem Teig verrühren. Fett in einem großen Topf erhitzen, Teig mit zwei Teelöffeln abstechen und ins heiße F ett geben. Goldbraun backen und gelegentlich wenden.
Bällchen mit einer Siebkelle herausheben und auf Küchenpapier abtropfen lassen. Auf einen Teller legen und mit Puderzucker bestäuben.

Eines der angesagten Cafés in St. Peter-Ording liegt in der Badallee: Kirsten Krauses DORFCAFÉ. Wie im Café-Buch Nr. 4 „Süße Augenblicke“ schon beschrieben, muss man sich im Sommer schon bemühen, um einen der 40 Terrassenplätze zu ergattern. Im Winter kommen die hartgesottenen Stammgäste und genießen nach ausführlichen Strandspaziergängen in der erfrischenden Nordseeluft Kirstens Torten und Backwaren, die besonders in der Winterzeit eigentlich ein Muss sind.

Apfel-Zimt-Torte

MÜRBETEIG:

250 g Mehl
75 g Margarine
75 g Zucker
1 Ei
1 TL Backpulver

Zutaten miteinander verkneten und eine gefettete 28-cm-Springform damit auslegen. Den Rand hochziehen.

BELAG:

1 kg Äpfel
1 l Apfelsaft
2 Pck. Vanille-Puddingpulver
100 g Zucker

Äpfel schälen, entkernen, in kleine Stücke schneiden und auf dem Mürbeteig verteilen. Apfelsaft mit dem Puddingpulver und Zucker nach Packungsanleitung kochen und über die Äpfel geben. Im vorgeheizten Backofen bei 170 °C 60 Minuten backen. Der Kuchen muss über Nacht auskühlen und fest werden.

BELAG:

600 ml Schlagsahne
2 TL Zimt
2 EL Vanillezucker
Zimt und Zucker zum Bestreuen

Sahne mit Zimt und Vanillezucker steif schlagen und auf dem Kuchen verteilen. Mit Zimt und Zucker bestreuen.

Gartencafé

Gänsebrust

Marzipan-Pflaumenmus-Sahne-Torte

Biskuit:

6 Eier
120 g Zucker
100 g Mehl
100 g Speisestärke
1 ½ TL Backpulver

Eier und Zucker 10–15 Minuten schaumig schlagen. Mehl, Stärke und Backpulver vermischen, darübersieben und unterheben. Eine 30-cm-Springform mit Backpapier auslegen. Teig hineinfüllen und im vorgeheizten Backofen bei 160 °C ca. 30–35 Minuten backen. Anschließend auskühlen lassen. Boden auf eine Tortenplatte setzen und einmal waagerecht durchschneiden. Den unteren Boden mit einem Tortenring umlegen.

Füllung:

1 Glas Pflaumenmus (450 g)
2 cl Kirschwasser
600 ml Schlagsahne
6 EL Vanillezucker
6 EL Sahnesteif
300 g gemahlene Haselnüsse
1 Marzipandeckel (300 g)

Pflaumenmus mit Kirschwasser verrühren und auf dem unteren Boden verstreichen. 2 cm vom Rand frei lassen. Sahne mit Vanillezucker und Sahnesteif steif schlagen, Haselnüsse unterheben. Etwas Sahne für die Deko beiseite stellen. Nusssahne auf dem Pflaumenmus verteilen. Mit dem zweiten Boden belegen und die restliche Sahne darauf verstreichen. Tortenring entfernen. Marzipandeckel ausrollen und auf die Torte legen.

Garnitur:

Kakaopulver
Marzipankartoffeln

Mit Kakao, Sahnetuffs und Marzipankartoffeln dekorieren.

Hebbeltorte

FLIEDERBEER-FRISCHKÄSE-TORTE

BISKUIT:

6 Eier
220 g Zucker
125 g Mehl
1 ½ TL Backpulver
25 g Kakaopulver

Eier und Zucker 10–15 Minuten schaumig schlagen. Mehl, Backpulver und Kakao vermischen, darübersieben und unterheben. Eine 28-cm-Springform mit Backpapier auslegen, Teig hineinfüllen und im vorgeheizten Backofen bei 175 °C ca. 45 Minuten backen. Anschließend auskühlen lassen. Boden auf eine Tortenplatte setzen und einmal waagerecht durchschneiden. Den unteren Boden mit einem Tortenring umlegen. Den zweiten Boden einfrieren.

1. FÜLLUNG:

250 g Frischkäse
200 ml Fliederbeerblütensirup
1 Beutel Sofort Gelatine
400 ml Schlagsahne, geschlagen
2 Pck. Sahnesteif

Frischkäse, Sirup und Gelatine verrühren und die Sahne unterheben.

2. FÜLLUNG:

250 g Frischkäse
ca. 200 ml Fliederbeersaft
2 Beutel Sofort Gelatine
8–10 EL Vanillezucker
400 ml Schlagsahne, geschlagen
2 Pck. Sahnesteif

Frischkäse, Fliederbeersaft, Gelatine, Vanillezucker verrühren und die Sahne unterheben.

Füllung 1 auf dem Biskuitboden verstreichen, darauf vorsichtig die Füllung 2 verteilen.

SPIEGEL:

300 ml Fliederbeersaft
200 g Zucker
3 Pck. Tortenguss, weiß
8–10 rosa Baiser

Etwas Fliederbeersaft abnehmen und mit dem Tortenguss verrühren. Restlichen Saft erhitzen und den Zucker einrühren, bis er sich aufgelöst hat. Einmal aufkochen lassen und den angerührten Tortenguss unter Rühren dazugeben. Guss auf der zweiten Füllung verteilen und fest werden lassen. Anschließend für zwei Stunden in die Kühlung stellen. Backring entfernen und mit Sahnetuffs und Baiser dekorieren.

Weihnachtstraum

SCHOKO-ORANGENMUS-TORTE

SCHOKO-BISKUIT:

6 Eier
220 g Zucker
125 g Mehl
1 ½ TL Backpulver
25 g Kakaopulver
1 Pck. Weihnachts-Aroma (5,5g)
(Zimt, Nelken, Sternanis und Muskat)

Eier und Zucker 10–15 Minuten schaumig schlagen. Mehl und Backpulver vermischen, darübersieben und den Kakao und das Weihnachts-Aroma unterrühren. Eine 28-cm-Springform mit Backpapier auslegen und den Teig hineinfüllen. Im vorgeheizten Backofen bei 160° C ca. 45 Minuten backen. Anschließend gut auskühlen lassen. Den Boden auf eine Tortenplatte setzen und zweimal waagerecht durchschneiden. Den unteren Boden mit einem Tortenring umlegen.

FÜLLUNG:

3 Dosen Mandarinen (á 175 g Abtropfgewicht)
600 ml Schlagsahne
3 Pck. Sahnesteif
250 g Mascarpone
1 Pck. Sofort Gelatine
2 Pck. Erfrischungsgetränk, Orange
5 EL Vanillezucker
3 Pck. Orangenzucker (á 10 g)
1 Pck. ger. Orangenschale

Mandarinen abtropfen lassen, danach pürieren. Sahne mit Sahnesteif steif schlagen. Mandarinen, Mascarpone, Gelatine, Erfrischungsgetränk, Vanillezucker, Orangenzucker- und schale miteinander verrühren. Masse etwas anziehen lassen, danach die Sahne unterheben. Den unteren Boden mit etwas Orangenmus bestreichen. Den zweiten Boden darauf legen, ebenfalls mit der Füllung bestreichen. Mit dem dritten Boden abdecken und die restliche Füllung darauf verteilen.

GUSS:

150 g Zartbitter-Schokolade
50 g Vollmilch-Schokolade
150 ml Schlagsahne

Schokolade und Sahne in eine Metallschüssel geben, im heißen Wasserbad schmelzen und zu einer cremigen Masse verrühren. Tortenring entfernen. Schokoglasur vorsichtig über die Torte gießen, so dass sie an mehreren Stellen bis auf den Boden tropft.

Garnitur:

100 g Zartbitter-Kuvertüre
200 g Rohmarzipan
100 g Puderzucker
goldene Liebesperlen

Kuvertüre im Wasserbad schmelzen. Marzipan mit dem Puderzucker verkneten, danach ausrollen. Eine Seite mit der Kuvertüre einpinseln und mit einer Form Sterne in allen Größen ausstechen. Mit Liebesperlen belegen und trocknen lassen. Torte mit den Sternen verzieren.

Silvesterknaller

WÜRZIGE BLÄTTERTEIG-TORTE

450 g TK-Blätterteig

Blätterteig auftauen. Teigblätter locker zusammendrücken und 3 Platten von 26 cm Durchmesser ausrollen. Davon eine Teigplatte in 10–12 Schiffchen zerschneiden. Backblech mit Backpapier belegen. Blätterteig darauf legen und 15 Minuten ruhen lassen. Anschließend im vorgeheizten Backofen bei 220 °C auf der mittleren Schiebeleiste 15 Minuten backen. Wenn das Backblech zu klein ist, nacheinander backen. Anschließend abkühlen lassen.

ROTE FÜLLUNG:

200 g gekochter Schinken
2 rote Paprikaschoten
350 g Frischkäse
2 EL Sahnequark
2 EL Tomatenmark
2 EL Paprikamark
1 Beutel Sofort Gelatine
Salz
weißer Pfeffer aus der Mühle
1 Prise Zucker
einige Tropfen Worcestershiresauce

Schinken und Paprika fein würfeln und mit Frischkäse, Sahnequark, Tomaten- und Paprikamark, Gelatine verrühren und mit Salz, Pfeffer, Zucker und Worcestershiresauce abschmecken.

GRÜNE FÜLLUNG:

250 g Frischkäse
2 EL Sahnequark
1 Beutel Sofort Gelatine
2 Pck. TK od. frische gehackte Kräuter
Salz
weißer Pfeffer aus der Mühle

Frischkäse, Sahnequark, Gelatine, gemischte Kräuter verrühren und mit Salz und Pfeffer würzen.

DEKO:

200 g Frischkäse
Salz
weißer Pfeffer aus der Mühle
Radieschen, große Kapern, Cherrytomaten
oder Kresse für die Garnitur

Frischkäse verrühren, würzen und in einen Spritzbeutel füllen.
Unteren Blätterteigboden auf eine Tortenplatte setzen, mit einem Tortenring umlegen und die rote Füllung darauf verstreichen. Den zweiten Boden darauf legen und mit der Kräutercreme bestreichen. Mit dem Spritzbeutel Frischkäsetupfen auf die Oberfläche setzen, die Blätterteigschiffchen dagegen legen und je nach Geschmack mit Radieschen, Kapern, Kaviar oder Räucherlachs garnieren.

Das kuschelige GARTENCAFÉ in Süderdeich war wegen seiner Beliebtheit und Bekanntheit aus der TV-Sendung „Mein Nachmittag“ (NDR-Fernsehen) schon in den Café-Büchern Nr. 1 „Eine Sünde wert“ und Nr. 4 „Süße Augenblicke“ vertreten. Inzwischen ist das Café ständig in dieser Sendereihe zu sehen. Die Besitzerin Frauke Köster gestaltet ihre Räume, den Garten und die gesamte Dorfstraße zu einem wahren „Winter-Wonderland“ um. In ihrer Kaffeestube glitzert und knistert es, und der Zimt- und Anisduft aus dem Kessel auf der „Küchenhexe“ sorgen für gemütliche Winteratmosphäre.

Galerie Café „Schweizer Haus“

Eierlikör-Kirsch-Torte

1 Glas Kirschen (360 g Abtropfgewicht)
250 g Butter
250 g Zucker
6 Eier
300 g Mehl
1 Pck. Backpulver

Kirschen abtropfen lassen.
Butter, Zucker und Eier schaumig schlagen. Mehl und Backpulver vermischen, darübersieben und unterrühren. Kirschen unterheben. Teig in eine gefettete 28-cm-Springform füllen und bei 160 °C ca. 60 Minuten backen. Anschließend gut auskühlen lassen. Boden auf eine Tortenplatte setzen und mit einem Tortenring umlegen.

1 doppelter Espresso
4 cl Rum
Puderzucker
Kakaopulver

Zutaten miteinander verrühren. Mit einem Kochlöffelstiel Löcher in den Boden stechen und mit der Flüssigkeit tränken.

Belag:

500 ml Schlagsahne
Eierlikör

Sahne steif schlagen, auf dem Boden verteilen und üppig mit Eierlikör begießen. Nach Geschmack verzieren.

Robert und Britta Steinbrück haben das GALERIE CAFÉ SCHWEIZER HAUS, welches schon in größerem Rahmen im Café-Buch Nr. 2 „Kann denn Süßes Sünde sein“ vertreten ist, in dem Eiderstedter Dorf Tating zu einem Wallfahrtsort für Garten- und Kuchengenießer gemacht. Aber im Winter, wenn der Sturm ums Haus weht und drinnen der Kaminofen knistert, wollen hier besonders viele Urlauber und Einheimische die Adventsatmosphäre genießen. Die Kuchen- und Tortenkreationen mit Weihnachtsappeal sind natürlich der Mittelpunkt lauschiger Dämmerstunden im Schweizer Haus.

Aprikosenkuchen

RÜHRTEIG:
250 g Mehl
200 g Zucker
4 Eier
1 Tasse Speiseöl
250 g Schmand
1 Pck. Backpulver
1 Pck. Vanillezucker

1 Dose Aprikosen (480 g Abtropfgewicht)

Aus den angegebenen Zutaten einen Rührteig herstellen und in eine gefettete 28-cm-Springform füllen. Mit den abgetropften Aprikosen belegen und bei 175 °C ca. 40 Minuten backen. Anschließend gut auskühlen lassen. Boden auf eine Tortenplatte setzen und mit einem Tortenring umlegen.

GUSS:
200 ml Orangensaft
1 Pck. Tortenguss, weiß

Guss nach Packungsanleitung zubereiten, über die Aprikosen gießen und fest werden lassen.

Eierlikör-Puffer

Rührteig:
250 g Butter
250 g Zucker
6 Eier
300 g Mehl
1 Pck. Backpulver
2 Tassen Eierlikör
1 Pck. Schokoraspel

Puderzucker zum Bestäuben

Butter, Zucker und Eier schaumig schlagen. Mehl und Backpulver vermischen, darübersieben und unterrühren. Eierlikör und Schokoraspel unterheben.
Teig in eine gefettete, panierte Topfkuchenform füllen und bei 175 °C ca. 60 Minuten backen. Danach gut auskühlen lassen und mit Puderzucker bestäuben.

Marien-Café

Weihnachtlicher Aprikosen-Krokant-Stollen

Mengenangaben reichen für einen großen oder zwei kleine Stollen

Zutaten für den Ansatz:

50 g Hefe
200 ml Milch
400 g Mehl
2 Eier (100 g)

50 g Zucker
12 g Salz
12 g Vanillezucker
125 g Schmalz
300 g Butter
400 g Mehl

Hefe in lauwarmer Milch auflösen und die erste Portion Mehl (400 g) mit zwei Eiern und dem Hefe-Milchgemisch verkneten. Das Ganze dann an einem warmen, trockenen Ort ca. eine halbe Stunde gehen lassen. Nochmals durchkneten und abermals eine halbe Stunde gehen lassen. Ist der so genannte „Ansatz" zweimal aufgegangen, werden die anderen Zutaten wie Zucker, Salz, Vanillezucker, Schmalz, Butter und Mehl in diesen Teig gearbeitet und verknetet. Abermals ca. 15 Minuten ruhen lassen.

Füllung:

250 g Rosinen
Rum
150 g getrocknete Aprikosen
150 g Mandeln
Butter
180 g Zucker

400 g geklärte Butter
Vanillezucker zum Bestreuen

Rosinen in den Rum einlegen und mindestens 24 Stunden einweichen. Aprikosen würfeln und die Mandeln in wenig Butter und dem Zucker in der Pfanne karamellisieren.

Den fertig aufgegangenen Teig mit den vorbereiteten Füllzutaten (gewürfelte Aprikosen, karamellisierte Mandeln und Rumrosinen) versehen und gut durchkneten. Den Teig auf ein mit Backpapier belegtes Backblech setzen und zum letzten Mal kurz treiben lassen. Anschließend im vorgeheizten Backofen bei 220 °C ca. 40 Minuten backen.

Stollen zweimal mit zerlassener Butter buttern und mit Vanillezucker bestreuen.

Honigtorte

Knetteig:
140 g Blütenhonig
140 g Butter
200 g Zucker
2 Eier
2 TL Backpulver
600 g Mehl

Blütenhonig, Butter, Zucker, Eier und Backpulver 3 Minuten im Wasserbad auflösen. Masse vom Herd nehmen und 200 g Mehl hinzufügen. Teig wieder im Wasserbad so lange rühren, bis eine gleichbleibende Masse entsteht. Anschließend wieder aus dem Wasserbad nehmen und wieder 200 g Mehl hinzufügen. Rühren, bis eine homogene Masse entsteht. Zum dritten mal 200 g Mehl hinzufügen und im Wasserbad auflösen. Nach Vollendung den Teig vom Wasserbad nehmen und mit den Händen kräftig kneten. Danach 15 Minuten auskühlen lassen. Den Teig in sechs Teile teilen, ein wenig Teig für die Brösel abnehmen und sechs runde (26cm) Böden ausrollen. Jeden der sechs Böden und Bröselteig im vorgeheizten Backofen bei 180 °C ca. 5–10 Minuten goldgelb backen.

Füllung:

180 g Zucker
1 EL Mehl
1 Ei
200 ml Milch
1 Prise Zimt
Vanillemark nach Geschmack
250 g geschlagene Butter

Zucker und Mehl vermischen, Ei und Milch dazu geben. Das Ganze unter Rühren aufkochen lassen. Danach erkalten lassen. Zimt und Vanillemark nach Geschmack dazu geben. Abschließend die geschlagene Butter unterheben. Die Böden mit der Vanille-Zimtcreme füllen und aufeinander setzen. Die Torte mit zerbröselten Teigresten einstreichen und winter-/weihnachtlich dekorieren.

Lebkuchen-Rum-Pflaumen-Torte

SCHOKO-LEBKUCHEN-BISKUIT:
5 Eier
225 g Zucker
100 ml Wasser

2 EL dunkler Kakao
1 TL Lebkuchengewürz
½ Pck. Backpulver
225 g Mehl

Eier trennen. Eiweiß mit 75 g Zucker kräftig aufschlagen, bis es eine feste Konsistenz erreicht hat. Parallel das Eigelb mit 150 g Zucker und 100 ml Wasser vermengen und solange schlagen, bis die Ei-Zuckermasse hellgelb und cremig ist. Eischnee und Ei-Zuckermasse vermengen. Kakao, Lebkuchengewürz, Backpulver und Mehl vermischen, darübersieben und unter die Masse heben. Teig in eine mit Backpapier ausgelegte 26-cm-Springform geben und bei 150 °C Heißluft ca. 50 Minuten backen. Anschließend gut auskühlen lassen. Danach auf eine Tortenplatte setzen und zweimal waagerecht durchschneiden. Den unteren Boden mit einem Tortenring umlegen.

Füllung:

1 Glas Pflaumen (680 g)
1 Pck. Vanille-Puddingpulver
4 cl Rum
800 ml Schlagsahne
1 Prise Zimt und Lebkuchengewürz
Schokoraspel

Pflaumen mit Saft in einem Topf mit Vanillepudding abziehen und mit Rum abschmecken. Danach erkalten lassen.
Schlagsahne steif schlagen. Kurz vor Fertigstellung der Sahne die Prise Zimt und das Lebkuchengewürz je nach Geschmack hinzufügen.
Die erkalteten Pflaumen und die Lebkuchen-Sahne abwechselnd mit dem Schoko-Lebkuchen-Biskuit schichten. Abschließend mit Schokoraspel einstreichen und hübsch mit Lebkuchen und Pflaumen dekorieren.

Winterliche Vanillekipferl-Sahnetorte

mit Glühweinkirschen

Biskuit:

5 Eier
225 g Zucker
100 ml Wasser
½ Pck. Backpulver
225 g Mehl
Mark 1 Vanilleschote
1 Pck. Vanillezucker

Eier trennen. Eiweiß mit 75 g Zucker kräftig aufschlagen, bis es eine feste Konsistenz erreicht hat. Parallel das Eigelb mit 150 g Zucker und 100 ml Wasser vermengen und solange schlagen, bis die Ei-Zuckermasse hellgelb und cremig ist. Eischnee und Ei-Zuckermasse vermengen. Backpulver und Mehl vermischen, darübersieben. Mark der Vanilleschote und Vanillezucker unter die Masse heben. Teig in eine mit Backpapier ausgelegte 26-cm-Springform geben und bei 150 °C Heißluft ca. 50 Minuten backen. Anschließend gut auskühlen lassen. Danach auf eine Tortenplatte setzen und zweimal waagerecht durchschneiden. Den unteren Boden mit einem Tortenring umlegen.

Füllung:

1 Glas Kirschen (680 g)
1 Pck. Vanille-Puddingpulver
1 Schuss Glühwein
800 ml Schlagsahne

Vanillesirup
hausgebackene Vanillekipferl (siehe Rezept)
Schokoraspel und gehackte Pistazien zum Verzieren

Kirschen mit Saft in einem Topf mit Vanillepudding abziehen und mit Glühwein abschmecken. Erkalten lassen.
Sahne steif schlagen. Kurz vor der Fertigstellung der Sahne den Vanillesirup je nach Geschmack hinzufügen.
Einige Vanillekipferl zerbröseln. Die erkalteten Kirschen, Glühwein und die Vanillesahne abwechselnd und dem Vanillebiskuit schichten.
Zum Abschluss die Torte mit den zerbröselten Vanillekipferln und Schokoraspel einstreichen und hübsch mit Kirschen, ganzen Kipferln und gehackten Pistazien dekorieren.

Vanillekipferl:

Zutaten für 1 Backblech = 42 Kipferl

95 g Mehl
25 g fein gemahlene Mandeln
60 g Zucker
1 gestr. TL Vanillezucker
100 g weiche Butter
1 Ei (Größe L), zimmerwarm
Puderzucker zum Bestäuben

Alle Zutaten in eine Schüssel geben und mit dem Handrührgerät gut verrühren. Aus dem Teig kleine halbförmige „Monde" formen und diese auf ein mit Backpapier belegtes Backblech legen. Die Kipferl im vorgeheizten Backofen, mittlere Schiene, bei 160 °C Ober- und Unterhitze ca. 15–17 Minuten goldgelb backen. Anschließend auskühlen lassen. Danach mit Puderzucker bestäuben.

Während der Produktion des Café-Buches Nr. 5 „Süßes für die Seele" zog Kerstin Meurer mit ihrem MARIEN-CAFÉ und 3000 Kaffee-Kannen von der Norderstraße zum Flensburger Hafen in die Straße Ballastbrücke um, ein Wagnis, das man schon heute als vollen Erfolg bezeichnen kann. Eine wunderschöne Jugendstilvilla ist die Heimat ihres neuen Cafés, berühmt durch ihr einzigartiges Frühstück und ihre köstlichen Torten- und Kuchenkreationen, denen sie jetzt, speziell für dieses Buch, Weihnachtsrezepte hinzugefügt hat. Zu Zeiten des berühmten Flensburger Weihnachtsmarktes strömen internationale Gäste zusammen, um sich von der zauberhaften Atmosphäre Flensburgs und seines Hafens begeistern zu lassen. Und anschließend lassen sie im Marien-Café die Seele baumeln.

Heißes zur kalten Jahreszeit

Friesenpunsch

4 Orangen, unbehandelt
2 Zitronen, unbehandelt
375 g Zucker
10 Nelken
1 Zimtstange
1 Vanillestange
250 ml Wasser
5 TL schwarzer Tee
1 FL Rum (0,7 l)

Orangen- und Zitronenschale mit Zucker, Nelken, Zimt, aufgeschnittener Vanillestange und Wasser 5 Minuten köcheln lassen. Tee, Orangen- und Zitronensaft (von allen Früchten) dazu geben. Aufkochen und 5 Minuten ziehen lassen. Gut durchseihen und mit Rum vermischen. Vorsichtig erhitzen. In heiß ausgespülte hübsche Flaschen mit Schraubverschluss bis zum Rand füllen, gut verschließen und abkühlen lassen.

Man gießt einen kräftigen Schuss dieses Punsch-Extraktes in eine Teetasse und füllt mit heißem schwarzen Tee auf.
Dieser Punsch hält sich unangebrochen mehrere Monate.

TIPP:
Damit das Getränk schön heiß bleibt, empfiehlt es sich, den Punsch-Extrakt in kleinen Mengen in der Mikrowelle zu erhitzen, bevor man ihn in den Tee mischt.

Feuerzangenbowle

6–8 PERSONEN

2 Orangen, unbehandelt
1 Zitrone, unbehandelt
3 Fl Rotwein
4 Nelken
½ Zimtstange
350 ml Rum (54 Vol.-%)
1 Zuckerhut

Je eine Orange und Zitrone spiralförmig schälen. Saft der Orangen und der Zitrone auspressen. Rotwein, Orangen- und Zitronensaft in einen Kupfertopf gießen. Orangen- sowie Zitronenschale, Nelken und Zimt hinzufügen. Den Topf auf dem Herd erhitzen, aber nicht kochen und heiß auf ein Rechaud stellen. Rum erwärmen. Die Feuerzange quer auf den Topfrand setzen. Den Zuckerhut darauf legen und mit dem warmen Rum beträufeln. Der Zuckerhut sollte völlig rumdurchtränkt sein. Anzünden und – falls die Flamme zu früh erlischt – nochmals Rum nachgießen, bis der Zuckerhut geschmolzen ist und brennend in die Bowle tropft. In feuerfeste Gläser füllen.

Adventsbowle

4 PERSONEN

600 ml Rotwein
3 EL Zucker
200 ml Orangensaft
1 Apfel
100 g getrocknete Feigen
50 g ganze, geschälte Mandeln
½ TL Zimtpulver
½ TL Nelkenpulver
8 cl Weinbrand

Rotwein, Zucker und Orangensaft in einem Topf erhitzen. Apfel schälen, entkernen und in Spalten schneiden. Feigen je nach Größe ganz lassen oder halbieren. Apfelspalten, Feigen, Mandeln, Zimt und Nelken zum Rotwein geben, kurz erhitzen. Flüssigkeit in ein Bowlegefäß füllen. Den Weinbrand kurz vor dem Servieren hinzufügen.

Schlehen-Punsch

ALKOHOLFREI

6–8 PERSONEN

1 l starker schwarzer Tee
½ l Schlehensaft
4–6 cl Zitronensaft
100 g Zucker
4–6 TL Sanddornsirup
6–8 Zitronenscheiben, unbehandelt

Tee und Schlehensaft in einem Topf vermischen und bis kurz vor dem Siedepunkt erhitzen. Mit Zitronensaft und Zucker abschmecken und mit Sanddornsirup verfeinern. In feuerfeste Gläser gießen und in jedes eine Zitronenscheibe legen.

Flotter Flieder

1 GLAS

200 ml Fliederbeersaft
2 cl Rum
Mark 1 Vanilleschote
Kandis nach Geschmack

Fliederbeersaft erhitzen. Rum und Vanillemark hinzugeben und verrühren.

Pfefferminztee

4 PERSONEN

½ Bund Marokkanische wilde Minze
(Wochenmarkt)
4 EL Zucker
1 EL Chinesischer Grüner Tee
5 Stck. Kardamom, zerdrückt

Alle Zutaten in eine Teekanne geben und mit kochendem Wasser überbrühen.
Ziehen lassen und zur Dekoration einige Minzblättchen in die Gläser geben.

Heißes Apfelgetränk

4 PERSONEN

750 ml Apfelsaft, naturtrüb
2 cl Rum
1 cl Amaretto
4 EL Zucker und Zimt, nach Belieben
1 Becher Schlagsahne (200 ml)

Apfelsaft, Rum, Amaretto, Zucker und Zimt miteinander verrühren. Alles in einem Topf zum Kochen bringen und in Gläser füllen. Sahne steif schlagen und als Haube auf die Gläser setzen. Mit Zucker und Zimt bestreuen.

Tote Tante

2 Personen

6 Stück Würfelzucker
6 cl Rum
400 ml Kakao
4 EL steif geschlagene Sahne
1 Msp Kakaopulver

Würfelzucker auf hohe Becher oder Gläser verteilen. Angewärmten Rum dazugeben und mit heißem Kakao aufgießen. Sahnehäubchen darauf setzen und mit Kakao bestreuen. Nicht mehr umrühren. Den heißen Kakao durch die kühle Sahnehaube mit Strohhalm trinken.

Eiergrog

2 Personen

8 cl Rum
2 Eigelb
4 gestr. TL Zucker
heißes Wasser
125 ml Schlagsahne
1 Prise Zimt

Rum in einem Topf langsam erhitzen, nicht kochen. Eigelb mit dem Zucker schaumig schlagen, bis sich der Zucker aufgelöst hat. Masse in vorgewärmte Groggläser füllen, erwärmten Rum dazugeben und umrühren. Mit heißem Wasser auffüllen, bis der Eischaum fast den Rand des Glases erreicht hat. Mit leicht geschlagener Sahne bedecken und mit einer Prise Zimt bestreuen.

Eierlikör-Kaffee

4 Personen

4 Tassen Kaffee
8 cl Eierlikör
4 cl Rum
2 EL Zucker
200 ml Schlagsahne, geschlagen
Krokant und Pistazien

Den heißen Kaffee mit Eierlikör, Rum und Zucker verquirlen und in vorgewärmte Tassen füllen. Sahne als Haube auf die Tassen verteilen. Pistazien in der Pfanne kurz anrösten und zusammen mit dem Krokant über die Sahnehäubchen streuen.

Zimt-Kaffee

2 PERSONEN

200 ml Milch
2 EL Honig
½ TL Zimt
2 TL Kakaopulver
200 ml frisch gebrühter Kaffee
125 ml Schlagsahne, geschlagen

Milch, Honig und Zimt kurz aufkochen und den Kakao einrühren. Flüssigkeit auf zwei Becher verteilen und mit heißem Kaffee aufgießen. Sahne als Häubchen auf die Becher setzen.

Pharisäer

1 GLAS

100 ml starker Kaffee, erhitzt
4 cl Rum , angewärmt
1 Würfel Zucker
Sahnehaube
Kakaopulver

Den heißen Kaffee, Rum und Zucker in ein vorgewärmtes Glas gießen, Sahnehaube darauf setzen und mit Kakao bestäuben. Den Kaffee durch die Sahne schlürfen.

Mandelkakao

ALKOHOLFREI

1 PERSON

10 süße Mandeln
250 ml Milch
1 Tropfen Bittermandelöl
1 EL gesüßtes Kakaopulver

Mandeln überbrühen, abziehen und mahlen. Anschließend in der Milch aufkochen. ½ Stunde ziehen lassen, dabei die Milch ab und zu umrühren, damit sich keine Haut bildet. Bittermandelöl dazugeben und noch einmal erhitzen. In einen Becher seihen und mit dem Kakao vermischen. Gut verquirlen und servieren.

Eisbrecher

2 Personen

250 ml Rotwein
4 Nelken
8 Stück Würfelzucker
4 cm Zimtstange
4 cl Rum

Rotwein, Nelken, Würfelzucker und Zimtstange in einem Topf erhitzen. Nelken und Zimtstange entfernen. Rum in den Rotwein gießen, kurz erhitzen und in vorgewärmte Gläser füllen.

Kaffee-Punsch

4 Personen

500 ml starker Kaffee
500 ml Rum
500 ml Portwein
Kandiszucker

Kaffee, Rum und Portwein miteinander verrühren und langsam erhitzen, nicht kochen. In vorgewärmte Becher gießen, Kandiszucker hinzutun und möglichst heiß servieren.

Schokoladenkaffee

1 Becher

100 ml Milch und 1 EL gesüßtes Schokoladenpulver erhitzen. Den Becher zur Hälfte damit füllen. Mit heißem Kaffee auffüllen und eine Sahnehaube daraufsetzen. Mit Kakao oder Schokoladenstreusel bestreuen.

Koog-Kaffee

1 Glas

2 cl Eierlikör
4 cl Kaffeelikör, erhitzt
100 ml Filterkaffee
geschlagene Sahne
Kakao od. brauner Zucker zum Bestäuben

Den Eierlikör in ein kleines Trinkglas füllen und den Kaffeelikör langsam darauf gießen. Vorsichtig mit dem Filterkaffee auffüllen. Eine Sahnehaube auf den Kaffee setzen und mit Kakao oder braunem Zucker bestäuben.

Ganz besonders danken möchte ich meiner Tochter Kathrin, die schon seit ihrer Kindheit backt und uns immer wieder mit ausgefallenen Kuchen und Torten überrascht. Die „Festtagstorte“ auf dem Cover ist die bisherige Krönung ihres Einfallsreichtums, ein Beispiel dafür, wie sie immer geschickt Herkömmliches mit Neuem verbindet.

Festtagstorte

Würziger Schokoladen-Kirschkuchen

Mürbeteig:

100 g Mehl
15 g Kakaopulver
25 g Zucker
60 g weiche Butter
1 kl. Tasse starker Espresso

6 EL Kirschkonfitüre, leicht erwärmt

Mehl, Kakao und Zucker vermischen. Butter und Espresso hinzugeben und alles kräftig verkneten. Teig zu einer Kugel formen, in Klarsichtfolie wickeln und 30 Minuten kühl stellen. Anschließend ausrollen und eine gefettete 26-cm-Springform damit auslegen. Keinen Rand bilden. Mit einer Gabel einige Löcher in den Boden stechen, damit er flach bleibt. Im vorgeheizten Backofen bei 200 °C 20 Minuten backen. Nach 15 Minuten kontrollieren, ob er nicht zu braun wird. Im Anschluss auskühlen lassen.

Biskuit:

6 Eier, getrennt
1 Prise Salz
200 g Zucker
100 g Mehl
100 g Speisestärke
30 g Kakaopulver
1 TL Backpulver

Eiweiß mit Salz sehr steif schlagen. Zucker unter Rühren langsam einrieseln lassen und zu einer glänzenden Masse schlagen. Eigelb nach und nach unterrühren. Mehl, Stärke, Kakao und Backpulver vermischen, darübersieben und vorsichtig unterheben. Eine 26-cm-Springform mit

Backpapier auslegen und den Rand mit neutralem Öl einstreichen. Teig hinein geben, glatt streichen und im vorgeheizten Backofen bei 200 °C auf mittlerer Schiene 30 Minuten backen. Darauf achten, dass der Boden nicht zu braun wird, ansonsten mit Backpapier abdecken. Anschließend 15 Minuten auskühlen lassen. Boden stürzen und ganz auskühlen lassen. Zweimal waagerecht durchschneiden.

Mousse au Chocolat:

130 g dunkle Schokolade, mit höchstmöglichem Kakaoanteil
2 Eier, getrennt
250 ml Schlagsahne
1 EL Zucker

Schokolade zerbrechen und im Wasserbad bei geringer Hitze schmelzen. Danach etwas abkühlen lassen. Eiweiß und Sahne getrennt voneinander sehr steif schlagen. Eigelb mit dem Zucker schaumig schlagen. Geschmolzene Schokolade langsam dazugeben. Je 1 EL Eischnee und Sahne dazugeben und mit dem Handrührgerät unterrühren, dann wird die Masse etwas geschmeidiger. Restlichen Eischnee und Sahne manuell vorsichtig mit einem Schneebesen unterheben.

Kirschfüllung:

1 Glas Sauerkirschen (680 g)
1 gestr. TL Lebkuchengewürz
40 g Speisestärke

Sauerkirschen mit Saft und Lebkuchengewürz in einen Topf geben. 4 EL Saft davon abzweigen, mit der Stärke glattrühren. Kirschen zum Kochen bringen, mit Stärke andicken, aufkochen lassen und vom Herd nehmen.

Tortenaufbau:

Mürbeteig auf eine Tortenplatte setzen und mit einem Tortenring umlegen. Kirschkonfitüre gleichmäßig darauf verstreichen und mit dem ursprünglich oberen Biskuitboden belegen. Kirschfüllung darauf verteilen und den zweiten Boden daraufsetzen. Mousse darauf verteilen (Menge nach Geschmack) und die Torte für zwei Stunden kühl stellen, damit sie fest wird. Danach den dritten Boden auf die Mousse setzen.

Glasur:

200 g Zartbitter-Kuvertüre
100 ml Schlagsahne

Kuvertüre im Wasserbad langsam schmelzen lassen und die Sahne unterrühren. Tortenring entfernen, die Torte mit der Kuvertüre einstreichen und fest werden lassen. Nach Geschmack und Fantasie mit Schokoröllchen oder Borkenschokolade festlich verzieren.

Tipp:
Damit sich die Geschmacksaromen besser entfalten können, ist es ratsam, die Torte einen Tag vorher zuzubereiten. Durch das Einkleiden mit Kuvertüre hält sich die Torte mehrere Tage. Ideal für die Festtage!

CAFÉ MIT STI(E)L

Gärtnerei Schröder KG
Inh. Familie Albrecht
Große Str. 52
24855 Jübek
Tel.: 04625-8228493
info@gaertnerei-schroeder-kg.de
www.gaertnerei-schroeder-kg.de
Öffnungszeiten:
Mo. Ruhetag
Di.–So. 14:00–18:00 Uhr
Sa. u. So.10:00–12:30 Uhr vielseitiges Frühstücksbuffet
Jeden 1. Samstag im Monat themenbezogenes Buffet
ab 18:00 Uhr
im Januar geschlossen.
Verschiedene Sonderveranstaltungen wie: Lichterfest, Adventsausstellung, Fahrradrallye. Die entsprechenden Termine entnehmen Sie bitte unserer Homepage.
Gartenführungen und Gesellschaften nach Vereinbarung
Barrierefreies Café
50 Innenplätze, 60 Außenplätze u. Lounge
Bitte keine Hunde
Lassen Sie sich bei selbst gebackenen Torten und Kuchen in unserem 2400 qm großen Mustergarten mit unterschiedlichen Formschnitten, Rosen, Freilandorchideen, Kräutern und einem romantischen Gartenteich verwöhnen. Im Sommer befindet sich im alten Gewächshaus unsere nostalgische Gartengerätesammlung mit über 160 verschiedenen alten Zinkgießkannen, diversen Zitruspflanzen sowie Duftgeranien und allerlei Minzsorten. Unser angrenzendes Floristikfachgeschäft hat zusätzlich einen großen Dekorationsbereich für drinnen und draußen sowie florale Werke für jeden Anlass. Unsere Leidenschaft für alte Dinge lässt uns immer wieder kleine und große Schätze zusammentragen, die Sie in unserem Dekorationsbereich „Fundstücke" – eine Kombination aus Altem, Neuem und Kuriosem – bestaunen und erwerben können. Vielleicht finden Sie hier ein nostalgisches Unikat für Ihr Zuhause.
Wir freuen uns auf Ihren Besuch.

CAFÉ UHRENDORF

Christl Klausenitzer
Uhrendorf 1
25573 Beidenfleth
Tel.: 04829-902817
www.cafe-uhrendorf.de
E-Mail: kontakt@cafe-uhrendorf.de
Öffnungszeiten:
März–Okt. Fr. 13:00–18:00 Uhr
Sa. u. So. 10:00–18:00 Uhr
Ab Weihnachten, Jan. u. Febr. geschlossen
42 Innenplätze, 50 Außenplätze
Vielfältiges, ständig wechselndes Angebot an selbstgebackenen Kuchen und Torten, herzhafte Kleinigkeiten wie Quiche, Gratins und Salate, frisch gekochte Suppe, immer auch vegetarisch. Sa. u. So. verschiedene Frühstücksvariationen, mit und ohne Reservierung.
Im gemütlichen Kaminzimmer, das Sie zum Feiern ganz für sich haben, bieten wir auf Vorbestellung ein individuelles (Frühstücks-)buffet an. Papiergeschöpfe machen das künstlerische Ambiente des Cafés lebendig. Wer Lust hat, kann im Februar an Kursen teilnehmen. Informationen finden Sie auf der Homepage. Dort erfahren Sie auch mehr über Extraveranstaltungen in den Wintermonaten.

HERRENHAUS HOYERSWORT

Alfred Jordy
Kotzenbüller Chaussee 2
25870 Oldenswort
Tel.: 04864-2039838
Mobil: 0151-20469177
www.hoyerswort.de
Öffnungszeiten:
Jan./Febr. Sa. u. So. 11:00–18:00 Uhr
März–Dez.: Di.–So. 11:00–18:00 Uhr
Montag Ruhetag
Café, Museum, Keramik, Ferienwohnungen
Führungen:
Jan./Febr. Sa. 15:00 Uhr, März–Dez.: Mi. 15:00 Uhr

GALERIE-CAFÉ SCHLOSSGEFÄNGNIS

Inh. Karin Herbst
Rantzau 9
25355 Barmstedt
Tel.: 04123-6139
E-Mail:info@schlossgefaengnis.de
www.schlossgefaengnis.de
Öffnungszeiten:
Sommer: 1.3.–31.10.
Mo.–Fr. 12:00–19:00 Uhr, Sa. u. So. 10:00–19:00 Uhr
Winter: 1.11.–28.2.
Mi.–Fr. 12:00–18:00 Uhr, Sa. u. So. 10:00–18:00 Uhr
Mo. u. Di. Ruhetag
In der Woche nach Weihnachten sind Betriebsferien.
70 Innenplätze, 66 Außenplätze.
Es werden neben Kaffee und Kuchen Buffets, standesamtliche Trauungen, Afternoon Tea und das Erlebnisessen „Knastessen" angeboten.

KLEINES CAFÉ IM GEWÄCHSHAUS

Alte Gärtnerei
Judith und Dirk Oesterreich
Tivolistr. 22
25746 Heide
Tel.: 0481-67537
Fax. 0481-2122393

www.garten-oesterreich.de
E-Mail: info@garten-oesterreich.de
Öffnungszeiten wechseln nach Jahreszeiten, bitte rufen Sie uns an oder schauen auf unsere Homepage.
Unser kleines Café hat sich auf 28 Innenplätze vergrößert, ca. 40 Plätze sind in unserer schönen Gartenanlage mitten in der Stadt, ganz verträumt im Grünen gelegen.
Für Gruppen machen wir gerne Gartenführungen nach Anmeldung. Wir backen unsere Torten, Kuchen und Brote selbst und bieten am Samstag und Sonntag von 10:00–13:00 Uhr das Gärtnerfrühstück an (gerne nach Anmeldung).
Wir haben Pflanzen und Accessoires im Verkauf.
Jedes Jahr erstellen wir einen Flyer mit unseren verschiedenen Veranstaltungen wie: Offener Garten, Kräuterspaziergang, Kranzbinden, Lichterfest oder Adventsstimmung. Gerne schicken wir Ihnen diesen zu.
Nicht nur für Gartenfreunde ein kleiner Urlaub für die Seele.

Koog Café

Café und Hofladen
Berit Wilkens
Dammstr. 20
25764 Wesselburenerkoog
Tel./Fax: 04833-425885
Mobil: 0174-1778025
berit.wilkens@online.de
www.koog-café.de
50 Sitzplätze innen, 100 Sitzplätze außen
Kinderspielplatz/Spielecke innen
Schmuck und Geschenke
Café-Öffnungszeiten:
Mo.–Fr. 12:00–17:30 Uhr
Sa. 10:00–17:30 Uhr, So. 10:00–18:00 Uhr
feiertags geöffnet
In der Nebensaison geänderte Öffnungszeiten
Nov.–Mai dienstags Ruhetag
Hofladen-Öffnungszeiten:
Mo.–So. 10:00–18:00 Uhr, auch feiertags

Dorfcafé

Kirsten Krause
Badallee 13
25826 St. Peter-Ording
Tel.: 04863-3021
Öffnungszeiten:
ganzjährig Mi.–Mo. 13:00–18:00 Uhr
Dienstag Ruhetag
alle Feiertage geöffnet
35 Innenplätze, 40 Außenplätze
Kein Verkauf außer Haus

Gartencafé Süderdeich

Frauke Köster
Hauptstr. 34-36
25764 Süderdeich
Tel.: 04833-425999
E-Mail: frauke@gartencafe.info
www.gartencafe.info
Öffnungszeiten:
ganzjährig
Jun.-Okt. täglich 13:00-18:00 Uhr
Nov.-Mai Do.-Mo. 13:00-18:00 Uhr
Di. u. Mi. Ruhetag
Oster- u. Herbstferien durchgehend geöffnet
1.u.2. Weihnachtstag u. Neujahr geöffnet
Termine für Kaffeetafeln nach Absprache

Galerie Café „Schweizer Haus“

Britta Steinbrück
Düsternbrook 10
25881 Tating
Tel.: 04862-102687
www.schweizer-haus@t-online.de
Öffnungszeiten:
ab Ostern: Di.–So. 12:00–22:00 Uhr
Montag Ruhetag
ab November: Fr., Sa., So. 12:00–22:00 Uhr

Marien-Café

Kaffeekannen-Café und Ferienwohnungen an der Flensburger Förde
Ballastbrücke 22
24937 Flensburg
Tel.: 0461-5009711
Fax. 0461-5009712
www.marien-cafe-flensburg.de
www.kaffeekannenferienwohnung.de
E-Mail: info@marien-cafe-flensburg.de
Öffnungszeiten:
täglich 8:00–18:00 Uhr
alle Weihnachtstage, Silvester und Neujahr geschlossen.
Ausstellung von mehr als 3000 gesammelten Tee- u. Kaffeekannen
vielfältige Frühstückskarte
Kuchen und Torten aus eigener Herstellung
Tortenlieferservice
80 Innenplätze, 40 Außenplätze
Parkplatz direkt am Haus
Behinderten-WC und barrierefreier Zugang
Busparkplatz in 300m Entfernung
Drei „Kaffeekannen“-Ferienwohnungen

Weitere Rezepte und ausführliche Beschreibungen der Cafés finden Sie in diesen Büchern:

Band 1
ISBN 978-3-8042-1237-4

Band 2
ISBN 978-3-8042-1271-8

Band 3
ISBN 978-3-8042-1328-9

Band 4
ISBN 978-3-8042-1353-1

Band 5
ISBN 978-3-8042-1379-1

... Fortsetzung folgt

Die Autorin

Marion Kiesewetter, Schauspielerin und TV-Moderatorin, in Hamburg geboren, wurde als Köchin durch die TV-Sendungen „Bi uns to Hus“, N 3, „Sonntagskonzert“ und Johannes B. Kerners Kochsendung im ZDF bekannt. Ihre ebenfalls im Boyens Buchverlag erschienenen Kochbücher „Fürstliche Menüs – Schleswig-Holstein“, „Fürstliche Menüs – Niedersachsen“, „Fürstliche Menüs – Mecklenburg-Vorpommern“, „Obst aus norddeutschen Gärten“, „Salatexpress“, „Aufgefischt I + II“, „Das isst der Norden“, „Auf Krabbenfang“ und „Kohl!“ entstammen der norddeutschen Region mit ihren erstklassigen kulinarischen Angeboten.
Besonders beliebt sind die Café-Bücher der Autorin. Bereits erschienen: „Eine Sünde wert ...“ (1), „Kann denn Süßes Sünde sein?“ (2), „Nur Süßes im Sinn“ (3), "Süße Augenblicke" (4) und „Süßes für die Seele (5).

Die Fotografen

Ursula Sonnenberg und ihr Mann Hans Dieter Kellner durchliefen beide eine Ausbildung zu Fotografen, sie mit einer Lehre, er auf der bekannten Münchner Akademie für Fotografie. Seit Jahrzehnten arbeiten sie im gemeinsamen Hamburger Studio an getrennten Aufgaben – sie mit „food“ für Werbung und Verlage, er kreativ und technisch für die Industrie.

Register